MEMOIRE

POUR Meſſire PIERRE - ARMAND LE MASTIN, Capitaine au Regiment des Gardes Françoiſes, & Meſſire Gaſton Jean-Baptiſte de Lamberval Aide-Major dudit Regiment, & Dame Marie-Anne le Maſtin ſon Epouſe, Intimez, Appellans, Défendeurs & Demandeurs, heritiers beneficiaires du ſieur le Maſtin de Beauregard Brigadier des Armées du Roy leur frere.

CONTRE Dame Marie Bouchereau, épouſe du Sieur Jean-Baptiſte de Junquieres, cy-devant Commis du Tabac à la Rochelle, accuſée, Appellante, & Défendereſſe.

Et encore contre le Sieur de Junquières, Intimé & Demandeur.

LE premier appel eſt d'un ajournement perſonnel décerné contre une femme, qui ayant vêcu pendant dix ans dans un libertinage public avec le feu Sieur le Maſtin, dont elle a tiré pluſieurs Contrats & avantages indirects, a fini par piller ſa ſucceſſion à ſa mort, & à en détourner pluſieurs effets; elle eſt coupable d'obſeſſion, de ſéduction, de recellé, & d'une débauche ſi notoire que l'on n'eſt pas dans le cas ſeulement de l'exception du fait de l'adultere, dont la preuve a été ſouvent permiſe aux heritiers; mais dans le cas d'un concubinage ſcandaleux & public qui mérite la rigueur des Loix.

Il y a auſſi des Requêtes pour juger le fonds, ſi la Cour le juge à propos, tant contre la femme accuſée, que contre le mari, qui après avoir ſouffert ce commerce pendant dix ans, vient aujourd'hui le couvrir du manteau du mariage pour tirer profit de ſon indigne patience. Ses demandes & les appellations qui le regardent ſont jointes au procez.

La femme dit, On ne peut pas informer contre moy de mes mauvaiſes mœurs, car mon mari les trouve bonnes, & ne s'en plaint pas. Le mari dit, Je n'accuſe point ma femme, mais je trouve que pendant ſa liaiſon avec ſon ami, elle a fait pluſieurs Actes avec lui pour notre profit commun, & j'en demande l'execution. Et on leur répond à tous deux : Il faut avoir perdu toute pudeur pour ſoutenir le perſonnage que vous ſoutenez à la face de la Juſtice, & votre conteſtation porte des noms ſi honteux, qu'à peine peut-on les écrire. Mais liſez Loyſel qui a recueilli les regles du Droit François, & vous trouverez qu'il a dit avec une ſimplicité forte & ingenüe au Tit. des Crimes, Regle 16. *L'on ne peut accuſer une femme d'adultere, ſi ſon mari ne s'en plaint, ou qu'il en ſoit * le M....* On rapporte d'abord cette regle, parce qu'elle peut ſervir pour la déciſion de l'appel & des demandes.

*Ce mot eſt tout au long dans Loyſel.

FAIT.

Le Sieur le Maſtin Brigadier des Armées du Roy, & Lieutenant Colonel du Regiment Royal Cavalerie, étoit Seigneur de la Terre de Beauregard à quatre lieues de la Rochelle.

En 1715. il fit connoiſſance à la Rochelle avec la Dame de Junquieres, il la vit, il l'aima, & ſon mari le trouva bon.

En 1717 le mari fut pourſuivi à la Chambre de Juſtice, il vint à Paris, il laiſſa ſa femme au ſieur le Maſtin, qui depuis ce tems-là en

A

uſa comme de ſa propre femme, enſorte que pendant dix ou douze ans qu'il a encore vêcu depuis, il ne l'a jamais quitté, & le mari commode ne s'en eſt pas mis en peine.

Ce fut dans la Terre de Beauregard où s'établit ce *nouveau ménage*, & on peut bien l'appeller ainſi, car c'étoit un vrai ménage commun; ils couchoient dans deux petits lits dans une même chambre, ſouvent ils *couchoient* dans le même lit, ils ne s'en cachoient point : le matin, ils recevoient leurs amis, leurs voiſins, ils parloient à leurs domeſtiques, à leurs ouvriers, à tous ceux qui avoient affaire dans le Château, & on les voyoit *couchez* comme mari & femme ſans prendre aucune précaution Pendant le jour ils vivoient de même. La pudeur importune ne gênoit point la maîtreſſe, elle étoit dans des attitudes ſcandaleuſes avec ſon amant dans les ſalles, dans les celliers, & il s'y commettoit toute ſorte de diſſolutions. On n'a garde d'entrer ici dans ce vilain détail, & de ſalir le papier de toutes ces ordures. La Cour n'aura que trop de peine à les lire dans les informations dont le récit a été fait à l'Audiance par M. l'Avocat Général, & dont le public a frémi.

Dans ces diſpoſitions, on peut bien penſer que la maîtreſſe du lit & du cœur, devint bientôt maîtreſſe des biens. Le ſieur le Maſtin lui laiſſa le gouvernement de toute ſa Terre, & de ſes dépendances, elle recevoit, elle comptoit, elle arrêtoit, c'étoit la Dame du Château, c'étoit *la mere*, elle ſignoit même le nom de *Maſtin* pour la plus grande commodité. Ce n'étoit plus qu'une même perſonne & un même nom. On n'a guéres vû donner des procurations generales à une femme mariée en puiſſance de mari, par un autre que par ſon mari; mais icy on ne s'embarraſſoit point des regles les plus communes, l'amant regardant ſa maîtreſſe comme ſa femme, lui donnoit des procurations generales pour agir en ſa preſence & en ſon abſence comme il lui plairoit; il continuoit ſes procurations quand il partoit pour aller au Regiment dont il étoit Lieutenant Colonel, quelquefois il les faiſoit ſous ſeing privé, d'autres fois il les renouvelloit pardevant Notaires, & ces renouvellemens donnoient toûjours des pouvoirs plus amples, ſelon que la paſſion croiſſoit, & que le départ la rendoit plus vive.

Il n'y avoit pas moyen de ſe faire faire des donations pendant l'abſence du vrai mari qui n'étoit pas preſent pour accepter & pour autoriſer:il eût été d'ailleurs trop groſſier de faire des donations ou de demander procuration pour les accepter, pendant qu'on vivoit dans un libertinage ſi public, & la cauſe honteuſe, *turpis cauſa*, ſe ſeroit preſentée tout d'un coup. Il fallut donc chercher un autre expedient, & il fut bien-tôt trouvé, ce fut de faire paſſer des contrats, des obligations, des tranſports, des arrêtés de comptes, des billets, en un mot toutes ſortes d'Actes obligatoires par l'Amant au profit de ſa Maîtreſſe, qui uſant d'un empire abſolu, luy faiſoit faire tout ce qu'elle vouloit, & déguiſoit ainſi ſous des avantages indirects, ceux qu'elle ne pouvoit avoir directement.

Le malheureux temps du papier vint en 1720. Ce temps commode pour tous les trompeurs, & pour la ruine des familles, donna bien des facilitez à la Dame de Junquieres. Elle feignit qu'en Fevrier 1720. ſon mari luy avoit envoyé de Paris des Billets de Banque, elle parut les prêter au ſieur le Maſtin, qui d'abord en conſtitua à ſon mari abſent & à elle *acceptante pour eux deux* 139. livres de rente rachetable de 3486. livres ; dont il fut paſſé Contrat à la Rochelle le 20. Février 1720. on date dans ce Contrat une *procuration* du mari commode du 3. Juillet 1717. qu'on appropria à cet uſage.

Le 7. Mars 1720. autre Contrat de conſtitution de 120. livres de rente du ſieur le Maſtin aux Sr & Dame de Junquieres auſſi POUR EUX DEUX, moyennant 3000 l. de Billets de Banque reçûs de Paris du ſieur de Junquieres.

Le lendemain 8. Mars , tranſport par le ſieur le Maſtin aux Sieur & Dame de Junquieres de 40. livres de rente de bail d'heritage ſur le nommé Bordeaux. Il n'a été ſignifié qu'en 1724.

Le 28. Juillet 1721. le Mary content & bien payé, envoya une nouvelle *Procuration* à ſa Femme ; elle en uſoit trop bien pour ne lui pas continuer ſon titre de Procuratrice ; elle en fit bien-tôt un bon uſage. Le Sr le Maſtin venoit d'acquerir une Rente Fonciere non-rachetable de 275. livres ſur la Dame Marquiſe de Nuaillé, & une ſomme de 848. livres exigible ; c'étoit un aſſez bon morceau à prendre, on n'y manqua point. Le dix - neuf Février mil ſept cent vingt - deux , le Sieur le Maſtin fit tranſport de cette Rente & des 848. livres au Sr de Junquieres *abſent*, & à la Dame ſa Femme Procuratrice , POUR EUX DEUX ; on n'oublioit point cette Formule cherie ; ce Tranſport eſt fait moyennant 7000. livres, dont 4000. livres en eſpeces ayans cours, & les 3000. livres ſont compenſées avec le Contrat de 120. livres de rente du 7. Mars 1720. ainſi on prenoit une bonne Rente Fonciere pour payer un mauvais Contrat, & pour de l'argent que perſonne n'a vû.

Il y a deux Obſervations ſingulieres ſur ce tranſport & qui en marquent bien la mauvaiſe cauſe. L'une, qu'il n'a jamais été ſignifié du vivant du Sr le Maſtin , qui a toujours continué de recevoir la Rente , parce qu'elle étoit à prendre ſur la Dame de Nuaillé , Parente du Sr le Maſtin , & qu'on ne vouloit pas inſtruire la Famille de cette alienation faite au profit de la Dame de Junquieres. L'autre, qu'il n'y a point eu de tradition à la Dame de Junquieres du Contrat conſtitutif de la rente , cependant il ſe trouve dans ſes mains, & il ne peut y être venu que par la voie du recellé dont on parlera.

Ce Tranſport étant fait le 19. Février 1722. on trouva le Sr le Maſtin de bonne humeur ; on retint à Bauregard le Notaire qui avoit fait le Tranſport, & le lendemain 20. du même mois, avant de le renvoyer, le Sr le Maſtin , toujours obſédé & amoureux, fit une Obligation de 3000. livres au profit des Sr & Dame de Junquieres, encore POUR EUX DEUX (car il falloit toujours que le Mary eût ſa part) pour preſt en deniers que perſonne ne vit, & l'aveuglement étoit tel, qu'on ne ſe ſouvint pas que la veille il avoit fait un Tranſport où le Sr le Maſtin paroiſſoit avoir touché 4000. liv.

Ce n'eſt pas tout, le 23. Février, trois jours après le Sr le Maſtin arrêta encore un Compte ſous ſeing privé avec la Dame de Junquieres, par lequel il reconnut lui devoir 2683. livres, & il auroit eu bien dequoi payer cette ſomme , s'il avoit effectivement reçû les 7000. livres portés aux deux Actes des 19. & 20. Février.

Après ces Actes faits pendant ces trois jours. le Sr le Maſtin partit pour Paris ; c'étoit toujours lors des départs que la tendreſſe & les Contrats ſe renouvelloient. Il eſt prouvé au Procès, que le 7. Mars ſuivant il paſſa à Paris une Obligation au profit du Sr Sezille, où il déclara tous ſes biens francs & quittes, à la reſerve de 1000. l. de rente qu'il devoit à ſon Frere ; ainſi il tenoit pour nuls & vicieux tous les engagemens qu'il avoit pris, & qu'il venoit de prendre avec la Dame de Junquieres, & les cachoit ſoigneuſement à ſa famille & à ſes amis.

En 1723. au mois d'Avril, qui étoit l'année d'après, la paſſion & l'obſeſſion durant toujours, le Sr le Maſtin arrêta un autre compte, par lequel il ſe reconnût débiteur de la Dame de Junquieres de 253. liv. & dans ce Compte on fit entrer les arrerages de la rente de la Dame de Nuaillé, qui étoit portée au tranſport non - ſignifié, & qu'il avoit reçuë nonobſtant le tranſport.

En 1724. autre Compte du 27. Avril, par lequel il ſe reconnut débiteur de 1240. liv. 19. ſ. 3. den. Cette fidéle Procuratrice ſçavoit bien calculer les ſols & les deniers, & ne manqua point de ſe faire donner un écrit ſeparé pour les arrerages de la rente de la Dame de Nuaillé, dont elle tenoit toujours le tranſport ſecret.

En 1726. le 10. May, autre Compte où il eſt encore reliquataire envers la Dame de Junquieres de 2062. livres 15. ſols. C'eſt toujours lui qui doit.

Ces Comptes ſe trouvent arrêtés ſans Memoires, ſans Eſtats, ſans Piéces juſtificatives ; Elle a rapporté dans le Procès quelques Regiſtres en deſordre, qui ont été bien contredits, & qui auroient dû être entre les mains du Sr le Maſtin après les Comptes arrêtés ; cependant ils ſe ſont trouvés entre les mains de la Dame de Junquieres, qui les a divertis & recelés après ſa mott.

La Dame de Junquieres penſa que ſi le Sr le Maſtin venoit à mourir, on la chaſſeroit de la Terre, elle propoſa un Bail pour un an, commençant à la Nôtre-Dame de Mars 1726. finiſſant à pareil jour 1727. Elle étoit maitreſſe du Seigneur & de la Terre, ſa procuratrice, ſon adminiſtratrice ; elle ne dédaigna pas d'être ſa fermiere : tout lui étoit bon pourveu qu'elle pût gagner, & le Sr le Maſtin, toujours obéïſſant à ſes volontés, & ne ſachant point reſiſter à une femme qui avoit pour lui des complaiſances ſans bornes depuis DIX ANS, paſſa ce Bail par un écrit du premier Avril 1726. & lui laiſſa encore le choix de la procuration. On joignit à cet écrit un état des Meubles qu'elle devoit rendre, lequel fut auſſi fidéle que tous les autres Actes.

Pendant ces DIX ANS le Sr de Junquieres a été conſtant dans ſa patience volontaire ſur la conduite de ſa femme, & c'eſt un *Lenocinium* des plus caractériſés ; il n'a été que deux ou trois fois & pour quelques jours à Beauregard : pendant ce temps-là il y eſſuïoit quelques plaiſanteries des amis de la maiſon ; ſa femme qui *couchoit* avec le Sr le Maſtin publiquement, ne vouloit point *coucher* avec lui, il ne s'en fachoit guerre, il s'en retournoit content avec l'eſperance des Contrats, des Tranſports & des Obligations qu'on lui montroit, il renvoyoit de nouvelles Procurations, & c'étoit comme un tranſport qu'il faiſoit de ſa femme au Sr le Maſtin, lequel de ſon côté lui donnoit auſſi ſes Procurations, enſorte que le mary autoriſoit ſa femme à être la procuratrice de ſon amant. Il y a TROIS PROCURATIONS du mary du 8. Juillet 1717. du 28. Juillet 1721. & du 10. Mars 1724. cet intervale renferme tout le temps du mauvais commerce ; celle de 1724. a ſervi pour le Bail de 1726. Il faut dire la vérité, il ſeroit difficile de trouver un homme plus propre à orner le

Commentaire

Commentaire de la régle de Loyſel.

Tout cela ne pouvoit pas durer toûjours. Le Sr le Maſtin tomba malade au mois de Juin 1726. La maladie augmente ; les forces & la tendreſſe diminuent : on voit venir la mort , & alors la Dame de Junquieres ne ſonge plus qu'à dépoüiller le mourant ; on cache le linge dans les paillaſſes , on détourne les papiers , l'argent, les meilleurs effets ; le mourant, qui s'en apperçoit, s'écrie languiſſamment ; O ! QU'ON ME DE'MENAGE DE BONNE HEURE ; on le laiſſe dire , on emporte tout le plus qu'on peut , & on fait des paquets qu'on ſe reſerve d'emporter dans une occaſion commode. Enfin , le Sr le Maſtin meurt à Beauregard le 28. Juillet 1726. plein de gloire & d'honneur dans ſon métier de la guerre , mais honteuſement trompé par une femme qui a abuſé de ſes foibleſſes.

Après ſa mort il y a eu un ſcellé appoſé. Le Chevalier le Maſtin , qui eſt de la famille , y a comparu d'abord. Enſuite le Sr le Maſtin & le Sr de Lamberval (qui ſont les Intimés) ſont arrivés pendant qu'on faiſoit l'Inventaire. La Dame de Junquieres étoit-là , qui jouiſſoit encore d'un reſte d'empire ſur les cœurs , & de la bonne opinion que les Freres avoient pour elle : mais le bruit public la décria bien-tôt ; ſes infamies ſe publierent, on aprit ſes recellés & ſes divertiſſemens faits ſous les yeux du mourant : Et au milieu de l'Inventaire, elle partit, emmenant attelés à une Berline deux chevaux qui appartenoient au feu Sr le Maſtin , que par droit de bienſéance elle s'apropria , parce qu'elle avoit un caroſſe , & qu'il n'en avoit point , & elle rentra triomphante dans la Rochelle avec cette Berline , chargée d'une valiſe & de paquets pleins des papiers & des effets de ſon ami mort.

Telle eſt l'hiſtoire des déportemens de la Dame de Junquieres & de ſon mary. Il faut maintenant expliquer la procédure.

PROCEDURE.

Les Freres de retour à Paris après l'Inventaire fait , & trop bien inſtruits de la conduite de la Dame de Junquieres , ont donné leur Requeſte contre elle à la Cour le 26. Septembre 1726. portant plainte de ſon obſeſſion ancienne , de ſes fouſtractions nouvelles lors de la mort , de l'abus qu'elle avoit fait pendant dix ans de l'empire qu'elle avoit ſur le Sr le Maſtin , dont elle avoit ſurpris pluſieurs Actes & Tranſports ; du ſcandale public qu'elle faiſoit , de la ſpoliation de ſa ſucceſſion ; & ils ont demandé permiſſion d'en informer pardevant d'autres Juges que ceux de la Rochelle , qui étoient ſuſpects à cauſe de la parenté.

Arreſt qui permet d'informer , & renvoye pardevant les Juges de Niort.

Plainte nouvelle devant ces Juges du 12. Octobre 1726. Information compoſée de quarante-trois témoins. Il y a des Religieux , des Curez , des Prêtres , des Gentilshommes , des Voiſins , des Ouvriers , des Domeſtiques , gens de tout état & de toute eſpece. Tous ont dépoſé de la dépredation, du pillage, du recellé, & ont expliqué de viſu le ſcandale public , & des infamies affreuſes.

Decret d'ajournement perſonnel contre la Dame de Junquieres ; du 21. Novembre.

Pendant qu'on procedoit à Niort contre la femme, le mari qui avoit toûjours été patient, a voulu recueillir le fruit de sa patience. Il a fait assigner les Sieurs le Mastin à la Rochelle le 15. Novembre 1726. pour voir déclarer executoires contre eux les Titres, Contrats & Obligations conquis par sa femme, & pour lui continuer la rente de 193 liv. Il a demandé permission de saisir, & il a saisi.

La femme est venue en la Cour, y a été reçûe Appellante de la procedure extraordinaire par Arrest du 13. Décembre 1726. & a fait apporter en la Cour ces informations, qu'elle auroit dû toûjours tenir cachées pour son honneur.

Les Intimez voyant que le mari & la femme se divisoient dans leur procedure, les ont voulu réunir, & ont obtenu Arrest du 17. Mars 1727. qui les reçoit Appellans de l'Ordonnance du Juge de la Rochelle, portant permission de saisir, & des saisies faites en consequence : permet d'intimer le mari, pour voir ordonner la nullité de ses titres, & par provision fait main-levée des saisies.

Il y a encore de la part des Intimez deux Requestes, l'une contre la femme, du 13. Mars 1727. l'autre contre le mari & la femme, du.... par laquelle ils ont conclu sur l'appel de l'extraordinaire au néant, & le Procès fait & parfait : *& où la Cour feroit difficulté*, évoquant le principal, & y faisant droit, condamner le mari & la femme solidairement & par corps, en 30000 liv. de dommages & interests, pour la valeur des effets recellez & portez dans la maison du mari à la Rochelle, & DECLARER nuls tous les Contrats, Obligations, transports, & autres Actes faits pendant le concubinage public de la Dame de Junquieres & du Sr le Mastin ; ordonner que la main-levée provisoire sera définitive.

Le 16. Aoust 1727. Requeste de l'Appellante, où elle a conclu à la nullité de la procedure extraordinaire, comme faite sur d'autres faits que de recellez, dans la vûë de la calomnier, & en 20000 liv. de dommages & interests.

Arrest du 6. Septembre 1727. rendu en l'Audiance de la Tournelle, où *après que Messieurs les Gens du Roy ont fait le recit des charges, & conclu à la confirmation de la procedure extraordinaire*, les Parties ont été appointées au Conseil sur les appellations & sur les demandes en droit.

Depuis l'Arrest les Intimez ont donné une Requeste le Avril 1728. par laquelle ils ont expliqué en détail tous les actes, contrats, transports, arrêtez de comptes, & autres titres prétendus par le Sieur de Junquieres : ils en ont demandé LA NULLITE' comme ayant été exigez pendant le concubinage public ; que les Contrats des rentes transportées leur seront rendus ; que les autres pieces seront rayées & biffées par le Greffier de la Cour, & les autres conclusions adjugées. La Cour a appointé en droit sur cette Requeste & joint. C'est tout l'état de la procedure.

Cette affaire se peut réduire à trois points.

Le premier est L'OBSESSION de la femme, pendant plus de DIX ANS qu'elle a vécu en mauvais commerce avec le Sr le Mastin ; & dans ce point entre naturellement le *Lenocinium* du mari.

Le second est la NULLITE' des actes exigez pendant ce temps par la femme, & dont le mari veut profiter.

Le troisiéme est le RECELLE'.

PREMIER POINT.

Les faits de la plainte contre la Dame de Junquiéres, font l'obfeffion pendant plus de dix ans, la fpoliation continuée jufqu'à la mort du Sr le Maftin, les actes, contrats, tranfports, comptes exigez par l'empire qu'elle avoit fur lui, & pendant un commerce fcandaleux & public, & enfin le recellé & divertiffement de plufieurs papiers & effets.

Tous ces faits font prouvez par l'Information qui a été décretée d'ajournement perfonnel contre la Dame de Junquieres, & dont elle eft Appellante. La Cour eft en état de confirmer ce Decret, ou fi elle y fait difficulté, de juger dès-à-prefent le fonds, qui doit fe terminer principalement à la nullité des Actes, & aux dommages & interefts du recellé, & de l'obfeffion publique.

Pour Moyens de fon Appel, l'Appellante dit, que l'Information eft nulle, que fous pretexte d'informer du recellé on a informé de fes mœurs, qu'elle eft mariée, que fon mary feul peut l'accufer d'adultere, que fi quelquefois on a admis le fait d'adultere pour d'autres perfonnes que le mary, c'eft, 1o. Lorfqu'il s'agiffoit de détruire des Donations, & non pas des Obligations & Contrats. 2o. Que le fait n'a été admis que par exception & par la voie civile. 3o. Que la femme étoit morte ou de baffe condition, que c'eft la Jurifprudence des Arrêts qu'elle cite, qu'ici il s'agit de Contrats d'Obligations, de Comptes, qu'on a pris la voye criminelle, & que l'Accufée eft d'une famille honorable, femme d'un Gentilhomme qui ne fe plaint point de fa conduite, qui a toujours été irreprochable, & fa reputation entiere, & que le Sr le Maftin lui-même, l'un des Intimez, l'a reconnu dans plufieurs Lettres qu'il lui a écrites, & qu'elle rapporte.

Les Intimez ont répondu. 1o. Que la plainte n'eft pas feulement du recellé, mais de l'obfeffion pendant dix ans, de la furprife des Actes, & *que la conduite de la Dame de Junquieres étoit fi peu menagée, qu'elle fcandalifoit le Public.* Ce n'eft pas un fimple fait d'adultere que l'on propofe, c'eft un concubinage notoire, fcandaleux, & à la faveur duquel une femme abfente de fon mary a obfedé un homme non-marié, & a tiré de lui plufieurs Contrats, Tranfports & autres Actes. L'obfeffion, la dépredation, le concubinage font des faits qui font attachés l'un à l'autre, & qu'on ne peut féparer; l'un eft la caufe, l'autre eft l'effet. Le témoin qui dit que la femme prenoit tout, qu'elle étoit la maitreffe de tout chez le Sr le Maftin, dit en même temps qu'il les a vûs *couchez enfembles* plufieurs fois; on n'a donc pas eu befoin du pretexte des recellez pour informer des mœurs, car ce font les mauvaifes mœurs qui ont caufé les recellez, & non feulement des recellez pendant la maladie & à la mort, mais un recellé long & durable, un divertiffement continué pendant dix ans, & un pillage qui s'eft répandu fur toutes les actions de la vie pendant ce temps-là; ce n'eft pas la faute de celui qui fe plaint, fi la concubine publique, qui a tout pris & tout furpris, fe trouve une femme mariée: c'eft fa faute à elle, & à fon mary qui l'a fouffert, & les Loix ne reconnoiffent plus en ce cas, que l'honnêteté publique, qu'elles doivent venger.

2o. La regle eft vraye, que des étrangers ne doivent pas être admis à une accusation d'adultere, & à troubler un mariage paisible ; mais il y a une exception à cette regle rapportée par Loysel, & il n'est que trop vray que la patience du Sr de Junquieres, ses procurations données pour introduire une communauté de vices, le delaissement de sa femme entre les mains du Sr le Mastin, sa desertion volontaire pendant dix ans & plus, le placent dans l'exception ; on respecte l'état paisible d'un mariage dont les secrets sont inconnus, *Matrimonium quiescens*, dit la Loy 26. *ad L. Jul. de adulter.* Mais quand la paix est fausse, & que le mary se tait, & est payé pour se taire, le respect cesse, & les mœurs publiques demandent vengeance. Dans la troisiéme Partie du Journal du Palais, il est rapporté un Arrêt du Parlement d'Aix daté du 18. Janvier 1674. sur cette matiere, & on peut icy emprunter les paroles du Journal, qui sont énergiques. *S'il faut avoir*, dit l'Auteur, *quelque égard pour la personne du mary, & pour le mariage, cependant ce ne doit pas être en faveur de ceux qui trouvent le repos dans le crime, qui le favorisent, qui en profitent, & qui ne sçauroient pallier leur silence du pretexte d'incredulité.* Voilà le portrait du Sr de Junquieres. Il a trouvé le repos dans le crime, il l'a favorisé par son absence & par ses procurations douces & commodes, il en a profité, *& en veut profiter encore*, & il ne peut pallier son silence de pretexte d'incredulité, puisqu'on ne peut pas être credule au point de ne pas voir tout ce que tout le monde voit & que l'on donne soy-même en spectacle au public.

3°. C'est une mauvaise distinction de dire qu'il ne s'agit pas icy de donations faites à une concubine, mais de Contrats de transports, d'arrêtez de comptes, &c. Il est vrai que la voie directe & ouvertement prohibée n'a pas été mise en usage, mais la voye indirecte n'est pas moins condamnée par les Loix. Ce que l'on n'a pu faire par donation, on l'a fait par obligation & par Contrat ; c'est la fraude qui s'appelle de *Contractu ad Contractum*, & qu'une femme pratique aisement, *malis artibus & adulterinis delinimentis*, on n'offense pas la Loi en face, mais on la fraude. *In fraudem legis facit qui salvis verbis legis sententiam ejus circumvenit : fraus enim legi fit ubi id fit quod fieri noluit, fieri autem non vetuit.* De là est venue la maxime, que celui qui ne peut point donner à une certaine personne, ne peut pas reconnoître lui devoir : *qui non potest dare, non potest confiteri.* Il ne faut pas dire comme l'Appellant, qu'il peut y avoir une cause legitime de contracter entre gens qui ont un mauvais commerce. L'honnêteté publique, les mœurs vertueuses l'emportent sur toute consideration ; le mauvais commerce infecte tout, gâte tout, corrompt la masse de tous ces engagemens, & les rend suspects. Ricard dans son traité des Donations, a fait un chapitre exprès, *de la prohibition de donner indirectement*, où il dit d'abord, *que comme nos Loix qui prohibent les avantages à l'égard de certaines personnes, sont fondées sur de grandes & importantes raisons, nous avons apporté tous nos soins pour conserver leurs deffenses avec vigueur, pour ôter tous les sujets de fraude avec lesquels cette prohibition pouvoit être circonvenuë ; & ainsi soit qu'en déguisant la forme d'un Contrat, on lui ait donné une autre couleur, soit qu'il y ait une personne interposée, & qu'on puisse présumer que ce Contrat est fait pour faire fraude à la Loi* & Contrat quoique soit sous une autre forme, passe pour un *veritable avantage sujet à cette prohibition.* Il appuye ce sentiment (num. 718.) sur plufieurs loix qui ont décidé que les donations déguifées fous le titre de vente, d'échange, de fociété, de louage faits entre perfonnes interdites de recevoir, font affujetties aux regles des donations. C'eft ce que les Loix appellent *donatio, venditionis, permutationis, focietatis nomine.* §. *fi donationes* & §. *circa venditiones.* L. 31. 52. 58. *ff. de donat. inter virum* & *uxorem.* Ce principe eft donc tiré des loix, & le judicieux Coquille, queftion 120. en fait une regle : *C'eft,* dit-il, *la regle de droit.* Il ne faut donc pas s'arrêter à ce que l'on dit, qu'il ne s'agit point de donations, car ce qui a été fait eft une donation déguifée ; & l'on n'a pas fait *quod lex vetuit,* l'on a fait *quod lex noluit.*

4o. Sur ce que l'Appellante objecte que l'exception du fait d'adultere que l'on permet aux heritiers, ne fe doit propofer que par la voye civile, & non par la voye de l'information, qui ôte bien des commodités aux femmes pour reprocher & contredire les témoins. La réponfe eft que la queftion prefente eft dans le cas fingulier d'un mari patient volontaire, qui n'a aucun prétexte d'incredulité, & dans le cas d'un concubinage public & fcandaleux, qui ne méritent ni l'un ni l'autre la benignité de la procedure civile, où la femme adroite & artificieufe trouveroit le moyen de faire déperir les preuves ; que fi la Cour avoit quelque difficulté à continuer l'inftruction, pour en épargner la honte à la Dame de Junquieres, elle en trouvera affez dans les informations & dans les circonftances de procez, & dans les pieces même produites par le mari pour connoître & la patience volontaire, & l'impudicité publique de fa femme, & le vice de tous les Actes.

5o. Les Arrefts rendus fur ces queftions de fait, ne peuvent faire de préjugé. Ce font *fata non facta caufarum,* comme difoit en cette matiere un grand Avocat General : A chaque procez de cette nature, faits nouveaux, felon que l'Amant eft plus paffionné, la femme plus induftrieufe, témoin cette affaire-cy qui n'a gueres fa pareille : mais il fuffit que l'honnêteté publique y foit bleffée pour que la Cour y mette ordre, & elle l'a bien fait voir dans un Arreft celebre rendu depuis peu, où un fimple foupçon de mauvais commerce a allarmé la pureté de la Juftice, & l'a fait ufer de toute fa rigueur.

Enfin les lettres que la Dame de Junquieres rapporte, où le Sr le Maftin l'a traitée comme une honnête femme, avant & depuis la mort de fon frere, ne font pas un bon titre de fa fageffe. De loin, on ne croyoit à la Dame de Junquieres que de l'amitié pour le fieur le Maftin, & il y avoit de l'amour & même de la débauche outrée. On ne lui croyoit que des foins finceres & empreffez, & c'étoit des foins artificieux, intereffez & avides; ceux qui ne voyoient pas les chofes de près, pouvoient s'y méprendre; mais quand le grand jour a révelé les fecrets, il a fallu parler autrement & agir d'une autre maniere. On eft tous les jours trompé ainfi. Ce n'eft pas qu'on change de fentiment par art & par malice, *in alterius injuriam,* comme difent les Loix, c'eft qu'on revient à la verité qui étoit inconnue, & que la verité nous force de changer d'avis. Voilà le dénouement de toutes ces lettres polies & civiles qui font produites aujourd'huy par la Dame de Junquieres.

VENONS à la défenfe du mari après avoir détruit celle de la femme, & tâchons de rendre nette une matiere fi impure.

Contre le fieur de Junquieres.

Le mari dit qu'il eft injuftement accufé du *lenocinium,* qu'il a quitté fa femme parce qu'il avoit des affaires à Paris; qu'en 1720. on lui a fait plufieurs rembourfemens qu'il juftifie, & dont il a fallu fuivre l'emploi;

qu'il a envoyé des procurations à fa femme pour agir dans leurs affaires communes comme il eft d'ufage ; que les Contrats, Actes, & Tranfports étant faits à fon profit & pendant la communauté, il a droit d'en éxiger le payement, & qu'il n'a jamais eu ni dû avoir aucun foupçon fur la conduite de fa femme, dont la vertu lui eft connue, & qui ne peut être acculée par d'autres que par luy.

On lui répond 1º. Que les affaires qu'il a eues à Paris, foit à la Chambre de la Juftice, foit pour fes rembourfemens, l'ont bien pû arrêter un, ou s'il veut, deux ans à Paris, mais qu'il y foit refté DIX ANS, qu'il ait laiffé fa femme hors de la ville de la Rochelle & de fa famille chez le fieur le Maftin homme de guerre non marié, dans un Château éloigné de quatre lieues de la Ville, ouvert à la licence & à la diffolution ; qu'il luy ait envoyé des procurations de trois ans en trois ans dans le temps qu'il la favoit entre les mains de fon amant ; qu'il n'ait fait à Beauregard que quelques voyages paffagers pour recueillir l'opprobre & les plaifanteries de fa patience, & qu'après cela il en vienne demander le prix & le payement ; toute cette conduite, à la bien nommer, n'eft qu'un vrai *lenocinium*. Il fait dans le procez un auffi mauvais perfonnage, que celui qu'il a fait pendant la vie du fieur le Maftin, il vient demander à la Juftice *quæftum ex adulterio uxoris*, après qu'il l'a favorifé, & il eft bien caractérifé dans la Loy 2. paragr. 3. *ad L. Jul. de adult.* fous la figure d'un mari, *Qui patitur uxorem fuam delinquere, matrimoniumque fuum contemnit, quique contaminationi non indignatur.* En effet, il n'y a guere eu un mari fi patient, *patitur delinquere*: on n'en voit point qui foit contempteur de fon mariage, au point de laiffer fa femme aux mains d'un autre pendant dix ans dans les circonftances que l'on vient d'expliquer, *matrimonium fuum contemnit*, enfin il n'eft pas indigné de la contamination du lit nuptial. *contaminationi non indignatur*. Voilà fon portrait tiré des Loix, & fi ces traits parmi les Payens ne fuffifoient pas pour le grand *lenocinium* qui étoit fujet à la Loy *Julia*, & que le mary ne fût en ce cas que battu & relegué, *verberatus tamen relegatur*, comment en ufera-t'on dans la pureté des mœurs chrétiennes, & principalement quand la patience du mary vient *ob quæftum* & qu'il en demande le prix, qui étoit le cas de la Loy *Julia*, & qui eft celuy dont il s'agit.

2º. Il faut ajouter pour l'intelligence de cette matiere, que quand les Loix ont dit, comme la Loy 26. *ff. ad L. Juliam de adult.* Que *conftante matrimonio accufarii mulier adulterii non poteft*, & que *probatam à viro uxorem & quiefcens matrimonium non debet alius turbare atque inquietare*, ce que d'autres Loix appellent *bene concordatum matrimonium*, cela s'entend d'un mari & d'une femme qui demeurent enfemble, & qui vivent dans la paix legitime d'un mariage qui fait la joye de la focieté, comme remarque M. Colombet dans fon Abregé de la Jurifprudence Romaine (part. 6. tit. 23.) *Il n'étoit pas permis, dit-il, de troubler le repos des mariages, & tant que la femme demeuroit avec fon mari, il n'étoit pas permis à perfonne de l'accufer d'adultere*; & il remarque que Juftinien ordonna la même chofe, *Tant que le mari & la femme vivroient enfemble* ; mais cela ne s'entend point du mari déferteur, féparé & éloigné de fa femme, qui ne vit point avec elle, qui n'étant féparé d'elle de corps ni de biens, la laiffe m———— de fon corps & de fes biens, & qui prolonge cét état infociable pendant dix ou douze ans. C'eft une exception finguliere à la Loy.

30. Il y a encore une autre exception que l'on a articulée contre la femme, & qu'il faut repeter au mari, qui ne mérite point qu'on le ménage, *quoiqu'on ait pour sa famille toute sorte d'égards* : c'est qu'il ne s'agit pas d'un simple adultere caché que l'on cherche à découvrir, mais d'un commerce public, scandaleux, entrenu, à la vûë de tout un païs, & malgré les remontrances des Pasteurs qui n'y ont rien ga-gné : Concubinage, dit le Concordat, *qui ita evidens est ut nulla possit tergiversatione celari.* Or cette *contamination*, pour se servir des termes des Loix, à qui la doit-on attribuer, qu'au mari, qui a pour ainsi dire prostitué sa femme, en n'usant point du droit de mari, en ne la refermant point dans sa maison & dans l'éducation de ses enfans, en lui donnant des procurations pour rester où elle ne devoit point être, & en exerçant une patience indigne. Duplessis dans sa Consultation 9. établit cette distinction de l'adultere caché, & du public & notoire. *Dans le premier cas*, dit-il, *les Loix n'ont pas voulu souffrir que l'on allât relever la honte d'une maison pour surcharger la douleur d'un mari qui ne se plaint pas : il y auroit de la dureté d'aller fouiller dans le secret d'une famille, pour frapper l'innocent en punissant les coupables. Mais dans le second cas, le public commence d'avoir part à l'offense, parce que le crime a pour ainsi dire changé de nature, & que de peché secret, il est de-venu comme public. C'est pourquoi,* ajoute-t-il, *on n'attend plus la plainte du mari, & la vengeance publique s'en poursuit comme dans tous les autres crimes.* Il ne se peut rien ajouter à la force de ces termes, & il sem-ble que les Loix & les Jurisconsultes, amis de la vertu, ayent fait de nouveaux efforts lorsqu'ils ont voulu la recommander. Voilà donc encore une exception contre le sieur de Junquieres. On ne va point *fouiller dans le secret de sa famille, car ce qui est public n'est point secret.*

40. La remarque qu'il fait que les Obligations & Contrats sont payables à lui, est justement ce qui le condamne, & ce qui prouve le vilain negoce de sa femme & de lui : on le mettoit en nom dans les Actes, pour s'attirer & se conserver sa patience *quæstum faciebat*, & ce n'étoit pas une fois ou deux, c'étoit plusieurs fois, c'étoit pen-dant une longue suite d'années, & les Actes disoient toûjours que c'étoient POUR EUX DEUX. *Sive sæpius sive semel accepit non est eximendus, quæstum enim de adulterio uxoris facere propriè ille existiman-dus est qui aliquid accepit ut uxorem pateretur adulterari, meretricio quo-dam genere. L. 27. paragr. 4. ff. ad L. Jul. de adult.* Et que l'on ne dise pas, comme fait le sieur de Junquieres, que l'amant d'une femme ne s'aviseroit pas de donner à un mari un titre contre soi-même, pour être poursuivi par un homme qu'il n'aime point; on donne à celui qui a droit de faire cesser le commerce, afin qu'il le laisse durer. Mais d'ailleurs, ici le mari étoit un homme que l'on aimoit, on ne le voyoit que deux ou trois fois en dix ans; quand il venoit on avoit beau se mocquer de lui, il s'en retournoit content : on ne craignoit point aussi ses poursuites, sa femme avoit les titres entre les mains, & n'en usoit qu'avec précaution ; elle ne signifioit point les transports faits sur une personne de la famille, afin de ne la point instruire ; elle faisoit des commandemens pour les rentes après les cinq ans, puis elle en demeuroit là, & elle attendoit la mort du sieur le Mastin pour se declarer comme elle a fait : ainsi le nom du mari mis dans les Actes, est une preuve litterale & contre le mari, & contre la femme. *Lenocinium enim mariti ipsum onerat, non mulierem excusat.*

Enfin c'est inutilement que le sieur de Junquieres dit que l'on cher-che par ce procez à flétrir la memoire du défunt sieur le Mastin. Elle ne sera point flétrie, il n'est point nouveau que les femmes trompent les hommes, les obsedent & les ruinent dans le temps de leurs pos-sessions & de leurs plaisirs ; mais il est nouveau de voir un mari pren-dre soin de la memoire de l'amant de sa femme, & on le peut ren-voyer à ce qui est dit sur cette même matiere dans la troisiéme par-tie du Journal du Palais sur un Arrest du 6. Novembre 1673. *Que la reflexion que le crime d'une tierce personne peut avoir contre la memoire d'un défunt, ne vient qu'indirectement, & que l'avantage que reçoit le public de faire punir la prostitution, doit prévaloir à un motif qui n'est que de bienséance seulement.* Ainsi le sieur de Junquieres peut demeurer en repos sur la memoire du sieur le Mastin, & doit seulement songer à la sienne.

SECOND POINT.

Nullité des Actes.

La question de Droit se trouve déja traitée ci-dessus page 8. & 9. Donation en concubinage ne vaut, dit la regle du Droit Fran-çois, & c'est une autre regle, que celui qui ne peut donner, ne peut reconnoître, *qui non potest dare, non potest confiteri.* Ce sont Actes déguisés sous couleur de Contrats, Obligations, Transports, Com-ptes, &c. entre personnes prohibées, & ces Actes faits pendant le trouble des passions, sont nuls comme les donations l'auroient été. Les Loix, les Jurisconsultes, les mœurs publiques, l'honneur de la societé, tout concourt à rejetter ces engagemens, où le consente-ment n'est point libre, où l'on ne veut pas ce qu'on veut, où on ne veut que ce qu'un autre vous fait vouloir imperieusement, & où la cause est honteuse.

Dans le Fait, tous les Actes & Contrats dont le sieur de Junquie-res demande l'execution, ont été passez pendant que le sieur le Mastin étoit sous l'empire de la Dame de Junquieres, & pendant leur com-merce illegitime, *le mari étant absent.* Ils sont donc sujets à la pro-hibition des Loix, & le mari qui les demande intente une action in-digne. *Quæstum facere existimandus est meretricio quodam genere,* il s'en faut prendre aux Loix qui disent les choses par leur nom.

Il seroit trop long d'entrer dans le détail de tous ces Actes : l'his-toire abregée en a été faite dans le Fait, & il y a des contredits au procez qui les dépouillent & qui en font voir le vice, les nullités, & les déprédations : On en mettra ici seulement une petite Chro-nologie pour en raprocher les dates.

Bordereau Chronologique des Actes.

LA PREMIERE PROCURATION DU MARI A SA FEMME est du 8. Juillet 1717. elle étoit alors avec le sieur le Mastin.

20. Février 1720. Constitution de 139. l. de rente du Sr le Mastin au mari absent & à la femme procuratrice, au principal de 3486. livres *pour eux deux.*

7. Mars 1720. autre Constitution de 120. liv. de rente, au princi-pal de 3000. liv. *pour eux deux.*

8. Mars 1720. Transport de 40. liv. de rente sur Jacques Bourdeaux, qui n'a été signifié qu'en 1724.

28. Juillet 1721. SECONDE PROCURATION du mari.

19. Février 1722. Transport au mari absent & à la femme procuratrice de 275. liv. de rente foncière sur la Dame de Nuaillé, & de 788. exigibles, le prix du Transport est de 7000. liv. le Transport n'a jamais été signifié.

20. Février 1722. Obligation du lendemain du Transport de 3000. liv. au profit *d'eux d'eux* par le sieur le Mastin.

23. Février 1722. Arrêté de compte de 2683. liv.

Avril 1723. autre arrêté à 252. livres.

10. Mars 1724. TROISIE'ME PROCURATION du mari.

27. Avril 1724. autre arrêté à 1240. l.

Premier Avril 1726. Bail de la Terre pour un an à la Dame de Junquieres.

10. May 1726. autre arrêté à 2062. liv. 15. sols.

28. Juillet 1726. DECE'S du sieur le Mastin.

Toutes ces dates raprochées forment une preuve que la Dame de Junquieres ne perdoit point de tems, qu'elle profitoit des occasions, qu'elle tiroit du sieur le Mastin tout ce qu'elle vouloit lors des départs ou des retours, sans compter les séjours, & que son mari en étoit bien d'accord.

Il ne faut pas oublier aussi cette solidité singuliere, *pour eux deux*, le défaut de signification des transports, & le commandement pour les cinq ans.

PREMIERE OBJECTION.

Le sieur de Junquieres a produit plusieurs piéces pour prouver qu'il lui a été fait des remboursemens en billets de Banque, & qu'il en a pû envoyer à sa femme pour former les dettes dont il s'agit, & que la suite de ces remboursemens l'a retenu à Paris.

REPONSE.

Mais on lui a fait voir 1º. que ces remboursemens ne quadroient point avec la date des Contrats & Actes en question, & qu'il a lui-même fait d'autres emplois à Paris.

2º. Qu'il est resté à Paris patiemment plus de six ans après ces remboursemens faits.

3º. On lui a rapporté une Piéce essentielle, qui est une Lettre du feu Sr le Mastin, écrite à Micheau Notaire à la Rochelle le 8. Juin 1720. avec un état de ses dettes, où il paroît qu'il lui envoye pour 9000 liv. de Billets de Banque, pour payer les dettes contenues en cet état, lesquels Billets provenoient de la vente du sixiéme de la Terre de Cramahé, faite le 21. May 1720. dont ledit Sr le Mastin avoit touché 50000 liv. en Billets de Banque, qu'il destina aussi-tôt à ce payement : il dit à ce Notaire qu'il lui remettra encore d'autres fonds pour payer les Ouvriers qui ont travaillé à Beauregard : JE VOUS REMETTRAI D'AUTRES FONDS, CAR J'EN AY, ET J'AY UNE GRANDE IMPATIENCE DE M'ACQUITTER. On voit encore dans cet état que la Dame de Junquieres y est employée pour 1000 liv. pour un Billet qu'elle avoit fait pour lui aux Hospitalieres de la Rochelle, mais il n'y est point parlé ni du Contrat de 3486 liv. du 20. Février 1720. ny du Contrat de 3000 liv.

D

du 7. Mars 1720, ni du transport du lendemain 8. Mars, faits au profit de la Dame de Junquieres, quoiqu'il ait parlé d'elle, & que ces Contrats fussent anterieurs à l'état, qui dit qu'il avoit résolu de s'acquitter. Ainsi il est clair qu'il ne comptoit point ces Contrats pour legitimes, qu'il les tenoit pour non valablement contractez, qu'il ne les mettoit point dans l'état des dettes qu'il vouloit acquitter, qu'il avoit effectivement plus de Billets de Banque qu'il ne lui en falloit, & qu'il payoit lui-même ses Ouvriers, & non pas la Dame de Junquieres, comme elle le prétend.

Enfin les Srs le Mastin ont encore rapporté une Obligation de 25000 liv. contractée à Paris par le Sr le Mastin au profit du Sieur Sezille le 7. Mars 1722, où il a déclaré ses biens francs & quittes, à la réserve de 1000 liv. de rente dûs à son frere, comptant pour rien les Obligations qu'il avoit contractées à Bauregard quinze jours auparavant au profit de la Dame de Junquieres, de 7000 liv. pour la garantie du transport du 19. Février précédent, l'obligation de 3000 liv. du lendemain 20. Février, & l'arrêté de 2683 liv. du 23. dudit mois, qui étoient dettes fausses, simulées, & dont il étoit honteux dès qu'il avoit quitté la vûë de la Dame de Junquieres.

Dans une matiere suspecte, & où il est necessaire de recourir aux présomptions, on ne peut ramasser trop de circonstances des faits qui dénotent l'avantage indirect.

DEUXIE'ME OBJECTION.

La Dame de Junquieres voudroit sauver au moins les arrêtez des comptes; & pour cela elle a produit des Journaux qu'elle dit avoir tenus, & des Bordereaux arrêtez par le Sr le Mastin, & relevez sur ces Journaux paraphez & apostillez de sa main.

RE'PONSE.

Mais 1º. ces Journaux prétendus ont été contredits avec exactitude dans l'Instance, où on a fait voir que ce n'étoit que simples brouillons, sans ordre, sans regle, ni mesure, & qui marquent si bien le commerce intime du Sr le Mastin, & de la Dame de Junquieres, qu'il y écrivoit quelquefois avec elle; & dans ces Journaux même il l'appelle LA MERE, qui étoit le nom d'amitié qu'il lui donnoit.

2º. Il a été fait sur ces brouillons une observation importante, qui est qu'après les arrêtez, ces brouillons & les bordereaux relevez *devoient être entre les mains du Sr le Mastin*, & on auroit dû les trouver parmi ses papiers. Mais la Dame de Junquieres les a pris & recellez avant & après sa mort avec beaucoup d'autres effets. La representation qu'elle en fait est une preuve litterale & réelle de ce recellé, qui est encore prouvé par plusieurs Témoins.

3º. Dans la discussion qui a été faite de ces Registres, il s'est trouvé qu'il n'y a aucun détail pour la recette; que les arrêtez sont plus forts que la dépense, que c'est une administration ruineuse, & qui tient du reste de la conduite : que la Dame de Junquieres a emprunté plusieurs sommes dont la succession est encore chargée, & qui peuvent fort bien retourner à son profit; & qu'enfin elle n'a fait toute cette gestion mixte & équivoque qu'à titre de Maîtresse du Sr le Maftin, & en vertu de procurations vicieufes données à une femme en puiffance de mari, qui ne pouvoit s'obliger que fous celles de son mari même, approbateur de fon mauvais commerce.

Enfin il est singulier que par ces arrêtez de compte le Sieur le Maftin foit toûjours debiteur de quelque forte fomme, & que la Maîtreffe foit toûjours créanciere. C'eft la même nature de fraudes qui prend diverfes formes.

TROISIE'ME POINT.

Recellé.

Il y a ici un recellé general, & un recellé particulier.

Le general eft ce long recellé qui a duré pendant dix ans : cette déprédation qui s'eft répanduë fur tout, fur les revenus, fur les fonds, fur les meubles, fur les immeubles, fur les rentes, & dont on a compofé les tranfports, les contrats, les comptes, les arrêtez, & tous ces titres que le Sr de Junquieres, complice du recellé, demande être déclarez executoires à fon profit. Ils font déja nuls par le temps où ils ont été paffez ; ils le font encore par la tache de fpoliation dont ils font couverts : Et ce crime merite, outre la peine de nullité, celle des dommages & interefts contre la femme qui l'a commis, & contre le mari qui en veut indignement profiter.

Le recellé particulier eft celui qui a été fait pendant la maladie & à la mort du Sr le Maftin, par la Dame de Junquieres : il fe divife en plufieurs chefs, linges, paquets, papiers, chevaux, vins, bois, argent, & effets de toute nature.

Le fixiéme Témoin parle de trois paquets cachez fous une paillaffe, pleins de linge très - fin, & de tabliers emportez à la Rochelle par le Cocher de la Dame de Junquieres. Le 10. a vû emporter deux paquets pendant la maladie. Le 19. a vû Lifette femme de Chambre, faire plufieurs paquets du linge du défunt. Le 31. parle de cinq ballots de linge emportez huit jours avant la mort, & d'un autre depuis. Le 39. parle de draps emportez nuitamment à la Rochelle. La Dame de Junquieres ne négligeoit pas les petits profits : elle changeoit la marque d'un drap pour y mettre la fienne : elle faifoit des garnitures avec les cravates du Sr le Maftin ; quand on avoit des fervietes neuves, fur vingt-quatre elle en prenoit fix : elle fe cachoit du Sr le Maftin pour tout cela, les témoins le difent.

Les *papiers* ont été recellez comme les hardes & linges.

Le 20. témoin a fçû de Lifette, qu'elle avoit caché fous un lit deux paquets de papiers. Le 21. a vû mettre deux paquets de papiers dans la chaife d'un Officier, par l'ordre de la Dame de Junquieres. Le 37. convient avoir trouvé dans fa chaife plufieurs papiers qui y avoient été mis à fon infçû, que c'étoit des regiftres de recette & dépenfe, & *quittances*, & qu'il les a examinez avec elle. Ce font ces brouillons dont on a parlé dans le fecond point, qu'elle a coupé & taillé comme elle a voulu depuis qu'elle les a pris ; & à l'égard des *quittances*, on peut croire que ce font celles qu'elle pouvoit avoir données au Sr le Maftin, & qu'elle a diverties auffi-bien que les contre-lettres s'il y en a eu. On peut tout préfumer contre elle, dès qu'elle a recellé &

convertir en dommages & interêts, ou plûtôt en interêts civils contre elle toutes ces prétendues créances, dont la succeffion doit être déchargée. C'eft la peine de ce crime, & la moindre qu'il merite.

Ces recellez fe faifoient avec fi peu de précaution, que deux témoins (le 21. & le 22.) dépofent que le Sr le Maftin s'en étant aperçu, & voyant Lifette faire des paquets, dit, O! *qu'on me déménage de bonne-heure* ; & voyant la Dame de la Junquiere dans le même emploi, il lui dit : QUE FAITES-VOUS-LA LA MERE, elle lui répondit, CE N'EST RIEN, & laiffa là le mourant qui s'étoit levé, & qui étoit fuporté par deux domeftiques indignez de cette action.

Plufieurs témoins dépofent de deux Jumens de caroffe qu'elle a emmenez, qui appartenoient au Sr le Maftin. La preuve eft au Procès qu'il les avoit achetez depuis peu d'un Officier de Cavalerie.

Il y a encore des témoins qui difent qu'elle *fignoit* communément le nom de MASTIN dans les billets, mandemens, & arrêtez : elle croyoit pouvoir bien prendre le nom de celui qui la traitoit comme fa femme. On a trouvé cinq de ces faux billets qui font produits ; & on en auroit bien trouvé d'autres, fi elle ne les avoit enlevez.

Pendant fon adminiftration elle a pris dans le bois de Beauregard des folivaux, & en a fait bâtir une maifon à la Rochelle (dixiéme témoin.)

Le Sr le Maftin ayant vendu la terre de Margoté 11000 liv. on en porta l'argent à la Rochelle chez la Dame de Junquieres.

Au lit de la mort, elle tira encore de lui une Montre de cinquante piftoles, qu'elle fit donner à fon fils.

Telle eft la preuve des recellez particuliers qui ont fini avec la maladie & avec la mort du Sr le Maftin ; & il n'eft refté à fes héritiers que la terre de Beauregard, ruinée de tous les côtez, des dettes confiderables à acquitter, & ce vilain Procès à foutenir.

Au refte, quoique l'on ait tâché de s'expliquer avec le plus de modeftie que l'on a pû, pour le refpect dû à la Cour, & au public, cependant cette affaire eft fi honteufe, qu'il a bien pû échaper quelques termes contre la pudeur. Mais le mari, *qui contaminationi non indignatur meretricio quodam genere*, & la femme qui a vêcu dans un concubinage fi long & fi public, ont bien merité cette ignominie. On ne peut exprimer les crimes que par leur nom ; & l'ingenuité du bon Loyfel, qui étoit un homme fage & fevere, peut bien fervir d'exemple à ceux qui font obligez de traiter de pareilles queftions.
Signé, MASTIN.

Monfieur PALLU, Rapporteur.

Me. MARAIS, Avocat.

DUPIN, Procureur.

A PARIS,
De l'Imprimerie de JEAN-BAPTISTE COIGNARD fils, Imprimeur ordinaire du Roi, rue Saint Jacques, au Livre d'Or. 1729.

www.ingramcontent.com/pod-product-compliance
Lightning Source LLC
Chambersburg PA
CBHW050409210326
41520CB00020B/6526